这里是敦煌 ①

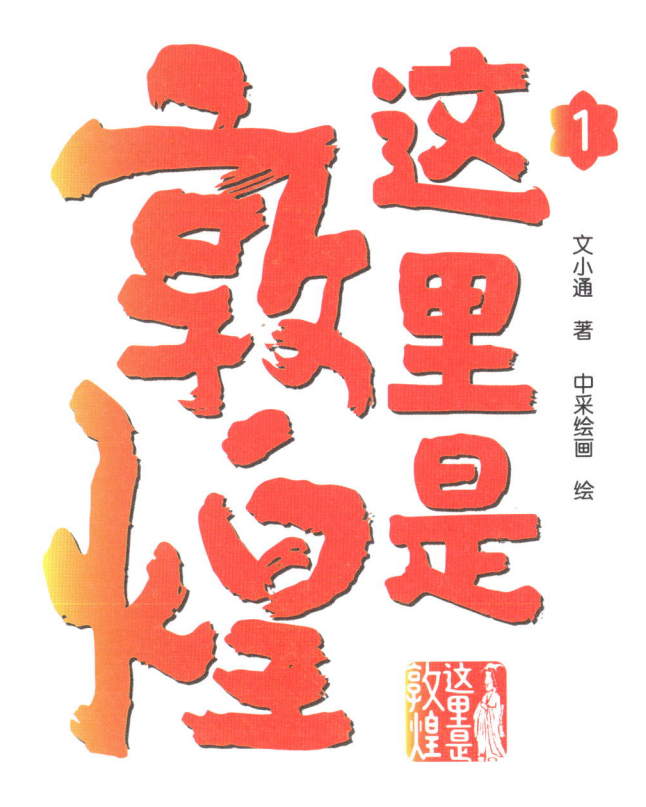

文小通 著
中采绘画 绘

文化发展出版社
Cultural Development Press
·北京·

目录

- 大英博物馆之夜 05
- 发现藏经洞 06
- 汉朝·敦煌立郡 08
- 晋朝·开凿莫高窟 16

- 北朝·惊艳开场 20
- 隋唐·繁华之巅 28
- 五代·辉煌余韵 54
- 宋·西夏·元·逐渐衰微 58
- 保护石窟宝库 60

DUN

HUANG

大英博物馆之夜

白天，这里人来人往，川流不息。在这座大房子里，摆放着很多来自世界各地的宝贝。

夜幕渐渐降临，一天的喧嚣回归寂静。月光透过玻璃，在室内洒下一层白霜。

"咚咚！""咚咚！"一片寂静中，突然发出叩击的声音。

"请问这里有人吗？"

声音来自一幅壁画，画上的飞天揉着惺忪的睡眼，飞了出来。

"这是哪里呀？"她四处巡视，似乎在寻找自己的小伙伴。

这时，她看到玻璃柜中有一幅纸画——全天星图。

"快醒醒！"这个胖胖的飞天飞过去，对着全天星图焦急地大喊。

"嗯？什么事什么事，是要开饭了吗？"图中的电神一个激灵醒过来。突然，他发现，自己置身于一个陌生的地方！

他惊讶地问飞天："这是哪里？我们怎么会在这里？"

飞天说："这里是大英博物馆。一百多年前，我们被带到这里，当时你正在呼呼大睡。"

"我睡了这么久……"电神恍然大悟。他抬手划出一个时空旋涡，"走，我们回家去，回敦煌！"

发现藏经洞

这里是敦煌 世界文化遗产

我叫王圆箓(lù),是清朝人。有一天,我从遥远的地方云游到大沙漠,途经敦煌时,被深深吸引,便留在这里,以这里为安身之处。我怎么也没有想到,一个惊世的故事就此开始了。

> 我是一个道士

莫高窟第17窟藏经洞

埋在泥沙中的藏经洞

莫高窟是佛教圣地,我虽然有修护之想,但却囊中羞涩,因此,我常常外出化缘,在飞沙走石中奔波,也想让这个文明瑰宝重现辉煌。洞窟里有很多积沙,1900年的一天,我在清理积沙时,突然听到一声响,定睛一看,原来是一个洞窟的墙壁裂开了缝。我敲了敲窟壁,惊讶地发现,里面是空的!里面藏着什么东西吗?我万分惊奇,拆除了墙面,看到里面是一间石室,石室中藏着数以万计的宝贝,有经卷、法器、绘画、织绣、文书等等。这个洞后来被称为藏经洞。

一伙外国盗贼

我万分激动,赶紧跑到官府,把这个大发现报告上去。然而,当地官府却没有重视,懒得搭理我,反而是一些外国人纷纷来到敦煌,盗走了大批珍贵文物,其中就包括绘有飞天的壁画、绘有电神的全天星图。

欢迎你们回家!不过,我愁着呢。世人都说,国宝流失到国外,是我贪财的缘故,我委屈呀……

你好王道士,我们回来啦!

再次见到你真高兴!

伯希和: 法国汉学家,会说汉语。他蹲坐藏经洞3个星期,翻阅了斯坦因未带走的大量经卷,把其中最有价值的运到法国。

伯希和在藏经洞里搜寻宝卷。

斯坦因: 英国学者。在发现王道士的偶像是唐代玄奘后,谎称自己就是为了像玄奘一样取经,由此感动王道士,用很少的钱骗走了几千件文物。

藏经洞是莫高窟第16窟里面的一个密室,被编号为第17窟。

华尔纳: 所谓美国探险家。他用胶剥离了壁画,他甚至打算把整窟搬走,使莫高窟成为空洞。

敦煌壁画上的缺失部分,被华尔纳揭下盗走。

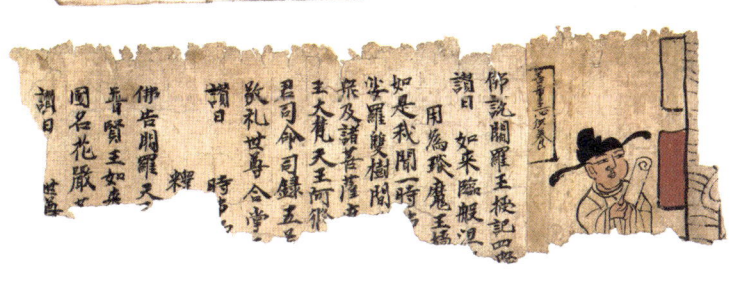

汉朝·敦煌立郡

我是一个王子

看了王道士的遭遇，你可能会很好奇，敦煌到底是一个什么样的地方呢？

很久很久以前，敦煌西边的沙漠，还是一片大湖，湖底的泥沙层、石砾层里，保留着亿万年前的生物化石。

我是乌孙国的王子，和敦煌有着剪不断理还乱的关系，我来帮你解答这个问题吧。不过，我们需要回到很久很久以前……

这里是敦煌 世界文化遗产

时间静静流逝，风不停地吹着，沙不停地飞着……过了几十万年后，湖渐渐干涸了。湖底袒露出来，成为陆地。

风依旧吹着，沙依旧飞着，极度干旱的气候使地面龟裂。偶尔，这里也会落雨，周边也有河流经过，雨、水流、风和沙"组团"侵蚀地面，地面上的裂缝开始变大，慢慢成了沟壑，成了千姿百态的小丘，这就是雅丹地貌。

史前时代，敦煌这片神秘的土地上，出现了人类。起先，他们采集野果野菜、围捕猎物，以填饱肚子。后来，他们自己懂得了驯化动物、种植植物，过上了游牧兼耕种的生活。

夏商时期，他们还制作出了陶罐，上面有精美的几何纹。

渐渐地，在河西走廊一带，人越来越多了。到了汉朝时，这里群山环抱，草原丰美，成了放牧的首选之地。

雅丹地貌

几何纹陶罐

这里是敦煌 世界文化遗产

争抢"香饽饽"

我们乌孙人也是游牧民族,生活在河西走廊一带,喜欢在那里放牧。戈壁和荒漠,平原和绿洲,带给我们无尽的欢乐。

够丰美!

乌孙　　匈奴
大月氏　河西走廊
莫高窟　　　　西汉长安

看,红柳、罗布麻,还有骆驼刺!

红柳
罗布麻
骆驼刺

地理学告诉你

汉朝以来,西域是指玉门关、阳关以西的地区。河西走廊位于甘肃西北部,东起乌鞘岭,西至玉门关,是古代前往西域的必经之路。

河西走廊的"大佬"们

既然河西走廊是一个"香饽饽",谁不想要呢?更何况,它还是一个军事要地,谁占有了它,谁就掌握了咽喉要道。在大漠中,有几十个大大小小的国家,其中最强大的,就包括我们乌孙国,当然啦,还有大月氏、匈奴等。为了成为河西走廊的主人,我们互相争战,不料,匈奴最终成了赢家。

乌孙:原为邻近月氏的一个小国,国王被月氏杀掉,小王子被匈奴收养。小王子长大后,带领乌孙人,与匈奴合攻月氏。

匈奴:乌孙的邻国,迫使月氏西迁后,控制河西走廊几百年,为大漠霸主,并不断地威胁西汉王朝。

月氏:曾是实力派,击败乌孙后,占据河西走廊,后被匈奴击败,匈奴还把月氏王的头骨制成酒器,月氏被迫迁徙。

这里是敦煌

世界文化遗产

唐·张骞出使西域图·莫高窟第323窟

张骞带队到达大夏国

勇敢的外交家张骞

为了阻挡匈奴骑兵入侵，大汉王朝修建了长城。敦煌一带的长城就地取材，用了我从小熟悉的植物，如芦苇、红柳等编成框架，再填充砂石，一层一层夯筑起来，非常坚固。然而，却阻挡不住匈奴的铁蹄，他们依旧四下侵扰。

汉武帝时，这位雄才大略的帝王想派人出使西域，联合大月氏，夹攻匈奴。当时，有一个叫张骞的年轻郎官，渴望报效国家，便推荐了自己。皇帝面试他时，认为他有才华，又正直坚毅，便派他出使西域去了。

张骞

张骞拜别汉武帝

找到大月氏

遗憾的是，张骞刚刚进入大漠，还没穿过河西走廊，就被巡逻的匈奴骑兵发现了。匈奴人想"高薪"聘他为官，他不答应，他们就把他软禁起来。他被困了十多年，仍然不忘使命。当他逃出来后，几经波折，总算找到了大月氏。但大月氏已经不想再打仗了。

语言学告诉你

"敦煌"一词是什么意思呢?有人说,"敦"是"大"的意思,"煌"是"盛"的意思。

汉武帝拜金人

夺回河西走廊

当张骞九死一生回到汉朝时,大家都不敢相信,他们都以为他已经死了。他向汉武帝报告了西域的情况。汉武帝让他作向导,派大将卫青和霍去病深入大漠攻打匈奴,彻底打败了这个强悍的对手,夺回了河西走廊。

敦煌郡

占领了河西走廊,汉廷终于扬眉吐气,专门设立了武威郡、张掖郡、酒泉郡、敦煌郡,它们被称为河西四郡。

这里是敦煌 世界文化遗产

过关用的关传哪里去了？噢，对了，我可以飞过去，不用关传，哈哈哈——哈——看我干什么？

玉门关的得名是源于西域输入玉石要经过此关。阳关在玉门关南边，南边向阳，因此叫阳关。

关传： 秦汉时期人们出入关时需要携带的身份证明。

开通丝绸之路

你们或许不知道，张骞的一生中，曾两次出使西域。他那前无古人的探索开拓精神，打通了中原通往西域的道路，这就是丝绸之路。

敦煌是丝绸之路的重要节点。在敦煌郡，朝廷建玉门关和阳关，是西域和都城长安之间商队与使节等往来的重要关隘。"春风不度玉门关"和"西出阳关无故人"这两句诗中写的就是这两个关隘。

胡床： 你知道椅子的前世今生吗？汉朝之前，古人大多坐在地上吃饭。胡床从丝绸之路传入中原后，古人渐渐地坐着凳椅吃饭了。至于胡床的"长相"——有的很像小马扎哦。

胡椒、胡萝卜： 它们为什么都带着"胡"字？它们的名字已经告诉你，它们来自哪里。胡人则是古代对北方和西域各民族人民的称呼。

粟（sù）特商队

来来往往的军队变少了，忙忙碌碌的商队变多了，繁荣的景象出现了。很多西域国家都开始发展商业，我们乌孙国也不例外。不过，生意做得最好的，却是粟特人。

粟特人长得和汉人不一样，他们来自遥远的撒马尔罕，是中亚人。他们很有商业头脑，常年往返在亚洲和欧洲之间，把大汉王朝的特产卖到西方，把西方的特产卖给大汉王朝，很多人都是富豪。

佛教传入了

大约在东汉的时候，印度的佛教传入中国，这对敦煌来说，有着非同寻常的意义。很多人开始信奉佛教，这才有了之后莫高窟的问世。

通过丝路传出了什么？

除了冶铁、养蚕、灌溉等先进技术，还有漆器、茶叶等。最昂贵也最抢手的是丝绸，丝绸之路就是因此而得名。

通过丝路传入了什么？

和田玉、汗血宝马、骆驼、香料、地毯、葡萄、石榴、芝麻、胡椒、胡萝卜等。

这里是敦煌 世界文化遗产

晋朝·开凿莫高窟

我是一个僧人

敦煌郡的设立是一件伟大的事,那么,敦煌的莫高窟是什么时候有的呢?作为这件事的权威发言人,我就来讲讲吧。我叫乐僔,生于前秦,有一年,我准备寻找一个修行之地,当我云游到敦煌的三危山时,忽然眼前闪耀出万道金光——这实在太神秘、太神圣了。于是我在崖壁上开凿了一个洞窟,在窟里修行。这就是莫高窟的第一个洞窟。

物理学告诉你

乐僔看到的金光是怎么回事呢?有可能是这样的:三危山的岩石为暗红色,雨过天晴后,夕阳反射岩石和空气中的水汽,会呈现出灿烂的光芒。这种神奇的现象今天仍能看到。

"莫高窟"这个名字是怎么来的呢?有一种说法是:"沙漠的最高处",古人把"漠"和"莫"通用,后来就改叫莫高窟了;还有一种说法是:乐僔的道行很高,其他僧人无法和他相比,因此把他形容成"莫高"。

莫高窟的东边是三危山,依傍鸣沙山断崖,前面有一条河,叫宕(dàng)泉河,也叫大泉河。

法良也来了

在我之后,漠漠黄沙里又有一个僧人迎着风沙走到敦煌,这就是法良。法良以我为榜样,也在崖壁上开凿了一个洞窟,在那里修行。很快,越来越多的人开始在敦煌开凿洞窟,莫高窟就这样"成长"起来了。

关于三危山,有一个传说。很久以前,三危山草木茂盛,西王母和三青鸟住在这里。三青鸟的羽毛和颜色非常可爱,它们白天为西王母传达命令,或充当西王母鸾车的"司机",晚上回到三危山休息。后来,三危山被火烧得光秃秃的,西王母便搬到瑶池去了。东晋大诗人陶渊明写诗道:"翩翩三青鸟,毛色奇可怜。朝为王母使,暮归三危山。"

这里是敦煌
世界文化遗产

会"喊叫"的沙子

无论是我，还是法良，或是那些跟着我们的足迹蜂拥而来的人，在大漠中往来时，都不免要受到风沙的袭击。如果你玩过沙子，你一定知道，把沙子握在手心里，握得越紧，就会流失得越快。莫高窟的沙子更有趣。莫高窟西侧鸣沙山，沙子五颜六色，叫五色沙，实际的颜色远远超过5种。五色沙还会"喊叫"，当很多人并排往下滑时，沙子发出的"喊声"，如雷贯耳。

> 提到沙漠，你会想到什么？是"大漠孤烟直"，还是"大漠沙如雪"？

> 我想到的是……大漠的周日要不要来一次烛光晚餐……

物理学告诉你

沙子为什么会发出声音？这可能是一种自然现象。鸣沙山的沙子是以石英为主的细沙粒，当有风吹来或沙体滑落时，沙子在气流中旋转，就会发出"嗡嗡"的声音。

铁背鱼： 生存在敦煌月牙泉中，铁背鱼是敦煌月牙泉"三宝"之一，传说能包治百病，是"神鱼"。其实它的大名叫镜鲤，是欧洲鲤鱼的变种，背如镜子一样光滑。

月牙泉为什么不被风沙掩埋

在鸣沙山下，有一湾清泉，模样好似月牙，叫月牙泉。湛蓝色的"月牙"，神奇地出现在一望无际的沙漠中，千百年来，饱受狂风飞沙的侵袭，却不曾被风沙掩埋。说到这里，你是不是已经开始好奇，这到底是为什么呢？

五色沙

地理学告诉你

月牙泉被沙丘包围，地势较低，当风吹来时，会把沙丘下的流沙往上刮，抛向沙丘的另一坡面。也就是说，如果风从西向东吹，沙子就会落到东面的沙丘；如果风从东向西吹，沙子就会落到西面的沙丘。总之，沙子不会落进泉水，所以，月牙泉才不会干涸。

这里是敦煌 世界文化遗产

北朝·惊艳开场

我是一个家仆

我是北朝的鲜卑人，给皇族"打工"，亲眼见证了敦煌的变迁。你知道吗？自从晋朝时候的高僧乐僔开凿了莫高窟的第一窟后，北朝很多人都加入了建窟的队伍，一共建了30多个石窟。

南北朝时，南朝有4个王朝，北朝有5个王朝，北魏属于北朝。我的"老板"是东阳王元荣，是北魏皇室成员。北魏为了更好地控制敦煌，派元荣前往敦煌，担任瓜州刺史。我也跟随这位王，来到了大漠。

[东阳王窟壁画飞天]

瓜州据守河西走廊的西边、敦煌的东边，是连接东西的枢纽，位置十分重要。

东阳王窟

当时，无论是南朝还是北朝，都信仰佛教。你从"南朝四百八十寺，多少楼台烟雨中"这句诗中就知道了。元荣也不例外，他令人营建石窟，把中原文化带入莫高窟。当然啦，我们是鲜卑人，里面也含有鲜卑文化。

北魏·东阳王窟·莫高窟第285窟

建平公窟

不幸的是，我们北魏后来分裂了。不久，北周崛起了。北周人的建窟热情更高。听说，当时管理敦煌的人中，有一位建平公，名叫于义。他开凿的洞窟，是整个莫高窟中最大的中心塔柱窟。不仅如此，洞窟中的影塑、供养人画像也是最多的。

北周·建平公窟·莫高窟第428窟

影塑： 一种塑像，通常黏贴在墙壁上。
中心塔柱窟： 洞窟的中间有一根顶到窟顶的方柱。
供养人： 就是造石窟的出资人。为记下这份功德，会在窟内侧面或边角画出家族肖像，就是供养人画像。

这里是敦煌 世界文化遗产

活在壁画上的故事

北朝的石窟数量不是很多，但一开场就很惊艳，窟中壁画上仿佛"活"着一个神仙世界，进入其中，你能遇到伏羲、女娲、风神、雷神、羽人、神鹿、异兽……看看你能认出谁？

雷公： 在一圈连鼓中，兽面人身、长着兽爪的雷公正在忙碌地敲击，使雷声隆隆响起。

电神： 这位不是电神吗？只见他兽面人身，单腿站立，身体弯成一个弓形，双手拿着尖头铁杵，正在猛击猛钻，闪电就这样发生了……

> 啊，我……可能是在参加化装舞会吧……

> 电神，你怎么变了一个模样？

伏羲和女娲： 两位大神人面蛇身，一个持矩及墨斗，一个拿着规，不用说你也猜得出，这就是伏羲和女娲。他们之间有一个莲花摩尼宝珠。摩尼珠又叫如意珠，能变出各种珍宝，如自己意愿。

西魏·莫高窟第285窟

风神： 双手持着风巾，极速奔跑着……噢，这是风神。瞧那风巾的圆弧，就知道风势有多强劲了。再瞧兽面人身的风神，姿态奔放浪漫，表情很有喜感哦。

十三头龙身神兽： 下面这只神兽有多少个头？是的，13个！这是十三头龙身神兽，是一种级别很高的灵兽，有的叫开明，有的叫雄虺（huī）等，有的象征君王。

飞廉： 这位天马一样的神，也是风神，名叫飞廉，最早出现在《楚辞》中。飞廉的身形像一只鹿，臂上生有翅膀，飞动时生风。在不同的故事中，飞廉有时是鹿头鸟身，有时是鸟头鹿身。

乌获： 这一位是踩着风火轮吗？当然不是啦，那是祥云。这位兽面人身、兽爪有角、双肩生着翅膀的神，是大力士乌获。有时，他的双肩生有火焰，因而也被叫作"焰肩兽"。

雨神： 也叫雨师、萍翳（yì）、玄冥等，专门掌管雨，能随着风雨上下，还经常"借住"在昆仑山西王母的石头宫殿中。唐宋以后，龙王取代了雨神的地位。

这里是敦煌 世界文化遗产

九色鹿

很久以前，在印度的恒河河畔，生活着一只鹿。这只鹿很奇特，它身上的毛有 9 种颜色，但鹿角却像雪一样白。它经常在河边跳跃游玩，活泼可爱。

有一天，九色鹿又来到河边游玩。这时，它看见一个人掉进河里，在拼命挣扎，大声呼救。九色鹿立刻跳入河中，在湍急的水流中，将这个人驮在背上，救他上了岸。

被救上来的人万分感激，跪在九色鹿面前，说道："你救了我的命，我愿意为你当牛做马，做你的仆人。"九色鹿摇了摇头，说："我不需要你的报答，只希望你不要告诉别人我生活在这里。"这个人答应了九色鹿，信誓旦旦地保证自己不会说出去。

一天夜里，王后突然梦到九色鹿，醒来后，她让国王下令捕捉九色鹿，以得到九色鹿美丽的皮毛和鹿角。可是，没人知道九色鹿在哪里。

于是国王发出告示，如果有人知道九色鹿的下落，就会得到重金赏赐。那个被九色鹿救活的人，此时全然忘了自己的誓言，对国王说他知道九色鹿在哪里。这个人作为向导，带着国王骑马出猎，包围九色鹿。

北魏·九色鹿本生·莫高窟第257窟

此时，九色鹿还在睡觉。当它猛然惊醒后，没有惊慌，而是优雅地走到国王面前，不卑不亢地告诉国王，自己曾经救过这个人，这个人还立下誓言，不会出卖自己。

国王得知了事情的原委，被九色鹿的品德深深打动，下令不准任何人伤害九色鹿。

至于那个出卖九色鹿的人，后来得到了惩罚。

这幅画非常有"个性"，故事从两侧展开，左侧是九色鹿救人，右侧是国王、王后下令捉九色鹿，中间是故事高潮，极为独特。

这里是敦煌
世界文化遗产

东王公和西王母

相传，东王公是一位不折不扣的"旅游爱好者"，喜欢到各处游历。有一天，他听说，西方有一个西王母国，那里有很多神仙，便想去访问西王母。

> 西王母？我熟啊，她是我天界的同事！

> 是吗？快介绍我认识一下大人物。

东王公坐上龙车，由一个长着4个翅膀的羽人为他驾车。龙车华美无比，旌旗飘扬。龙车下面有一种异兽，长着鱼的身体、鸟的翅膀，能在空中飞翔。这种会飞的鱼，随着车队浩荡前进。

隋·西王母（帝释天妃）·莫高窟第305窟

许多飞天围绕在东王公身边。飞天头上戴着莲花冠,有的捧着花束,有的在散花,天上下起了花雨。漫天飘香中,东王公到了西王母国。西王母热情地迎接了东王公。西王母乘坐的是凤车,为她驾车的是一名双翅羽人。在凤车旁,也有异兽相随,旌旗招展,飞天散花相伴。东王公给西王母带来了珠宝、丝绸等,西王母很喜欢这些礼物,也向东王公回礼,还备下歌舞盛宴。西王母又引领东王公在瑶池游玩,东王公留恋这里,离开时恋恋不舍。这就是东王公赴会的故事。

隋唐·繁华之巅

这里是敦煌 世界文化遗产

我是一个士兵

我是一个普通的士兵，我和我的战友都老了，我们一起见证过隋朝的奢华，也目睹了隋朝的衰落。隋炀帝时，进行过一次声势浩大的西巡，我作为随行人员，也跟着来到了河西走廊，那是我一生中最美好的时光。

历史学告诉你

隋朝时，西突厥和吐谷浑侵扰河西走廊，为解除边境威胁，发展商贸，公元608年，隋炀帝专门西巡，在河西走廊举办"大型集会"，陪列者有30多个西域国家。

这次西巡，给莫高窟带来了更大的繁华，建窟的人更多了。隋朝国祚只有38年，但建的洞窟竟然多达93个，重修前代的有6个。

"超级市场"

由于西域和中原交往频繁，敦煌就像一个繁荣的"超级市场"一样，吸引了来自各地、各国的商旅。

每天，丝路上的商队都络绎不绝。商人们热闹地奔波着，敦煌就是中转城市，在此可以卸载货物，也可在沿途的馆驿或水井旁歇脚。这种盛况到唐朝时更加火爆，也有一些强盗会趁此拦路抢劫。

3个强盗在深山峡谷中拦截6位胡商，小商队后面是驮着丝绸、珠宝的骡马，胡商把几捆丝绸放在强盗面前，乞求饶命、放行。

隋·西域商队·莫高窟第420窟

唐·商人遇盗图·莫高窟第45窟

从都城长安或洛阳出发后，通过河西走廊，到达敦煌。从敦煌开始，丝路分南北两道（隋朝时有三道），一路经过楼兰等国，一路经过龟兹等国，都能抵达罗马。

这里是敦煌 世界文化遗产

我是一个边塞诗人,年轻时游历到敦煌,在敦煌度过了十几年的时光。我庆幸自己生在盛唐,国力强盛,文化开放,全民积极进取,让敦煌迎来了鼎盛时光,也让我此生有机会看到更多豪华版石窟竞相问世。

我是一个诗人

"九层楼"是楼吗

九层楼是被称为"北大像"的巨型弥勒佛像所"住"的洞窟,依山而建,有木结构窟檐,远看像一座高大的阁楼,其实并不是楼。唐朝时,它有4层。历代不断修建,使它逐渐"长"到9层。今天,九层楼已经成为莫高窟的标志之一。

千佛洞有1000个佛吗

隋唐时期,莫高窟迎来了"高光时刻",洞窟多得数不清,于是它有了一个新名字:千佛洞。

第一"大个子"

你一定知道武则天是中国唯一的女皇,但你知道吗?传说莫高窟第一"大个子"北大像是武则天下令开凿的呢。

足足有35.5米高!

我飞了半天才飞上来。

第二"大个子"

莫高窟还有一个"大个子",就是北大像南边的南大像,是唐玄宗时建造的。

南大像高26米。

瞧他穿的袈裟,真漂亮啊。

唐·北大像·莫高窟第96窟

唐·南大像·莫高窟第130窟

武则天原为唐高宗皇后,称帝后,为得到世人的认可,她将自己与神佛联系起来。有人说她是弥勒佛转世,她便下令造弥勒佛大像。这就是北大像。

这里是敦煌 世界文化遗产

唐·飞天·莫高窟第39窟

唐·持璎珞飞天·莫高窟第158窟

唐·吹笛飞天·莫高窟第158窟

最美的飞神

如果问,什么能让你想到敦煌?或者说,敦煌能让你想到什么?相信你一定会毫不犹豫地回答:飞天!

是的,我的答案和你是一样的。敦煌壁画上的飞天真的太美了。他们飞绕在神秘的世界里,有的脚踏彩云,徐徐降落;有的伸展手臂,悠然而上;有的手持花朵,满天飞散;有的弹拨乐器,飘然而舞……裙带绵长,婉转飘曳,美如幻梦。

飞天不是中国的"土著",而是从印度来的"移民"。他们"落脚"敦煌后,先是与西域文化融合,变身为既有印度特点又有西域风情的飞天。

慢慢地,飞天又与中原文化融合,到了我们大唐王朝时,已经完全"蜕变"成了中国式飞神。他们不长翅膀,没有羽毛,穿流飞翔在云朵间,但并不依靠云行走。

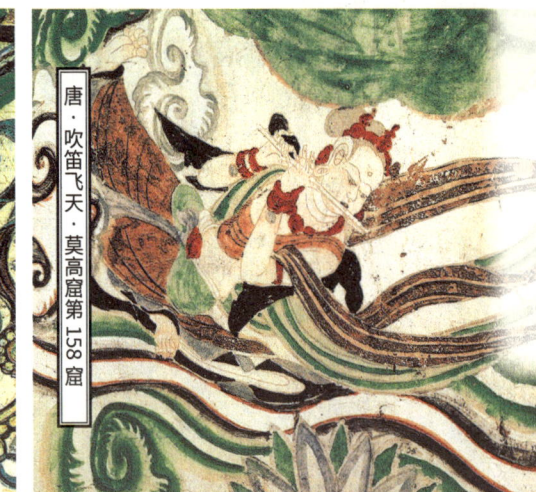

隋·飞天·莫高窟第404窟

在整个莫高窟，隋朝画的飞天是最多的，而且已逐渐摆脱外来飞天的痕迹，为唐朝飞天的完全中国化打下了基础。

飞天最令人难忘的，就是那裙带飘飘、凌空翱翔的飘逸之姿，他们因此创造了世界美术史上的一个奇迹。

《西游记》第一男主角

　　唐朝有一个大名人，出家前姓陈，法号玄奘，我们都尊称他为"三藏法师"，名著《西游记》中唐僧的原型就是他。"唐僧"就是唐朝的僧人。在书中，玄奘经历了九九八十一难才取到真经。现实中的他的确去西方取经了，只不过，经历的磨难远远超过了八十一难。

　　玄奘是公元629年从长安出发的，出了河西走廊，就到了敦煌。当时，突厥人总是侵扰边境，朝廷下令闭关，禁止出入。玄奘只好夜里赶路，白天休息，在好心人的帮助下过了关。

　　一天夜里，玄奘去烽火台下取水，被校尉发现，他一箭射来，差点儿射中玄奘的膝盖。还好玄奘大喊一声："我是长安来的僧人，请不要放箭！"因校尉和玄奘有共同的信仰，他不仅放了玄奘，还送给他一个大水囊。

　　你一定喜欢《西游记》中的"猴哥"孙悟空吧？他的原型是玄奘在西域收的胡人弟子，是一名胡僧，名叫石槃（pán）陀。他熟悉沙漠道路，是玄奘的向导。胡人毛发旺盛，穿戴独特，非常惹眼。据说后来人把"胡僧"传为了"猢狲"。

唐·唐僧取经·榆林窟第3窟

"白龙马,蹄朝西,驮着唐三藏跟着仨徒弟",《西游记》里的白马也有原型。当玄奘收胡僧为徒时,一个老胡人送给他一匹"赤瘦老马",是匹红马。

玉门关外就是莫贺延碛(qì)大沙漠,上无飞鸟,下无走兽,一片苍茫。玄奘走了100多里后,遭遇沙暴,迷了路,又不小心打翻了水囊,四天五夜滴水未进,昏倒在沙漠中。半夜,凉风把他吹醒,老红马拼命拖他,他挣扎起来,继续西行。

就这样,九死一生,玄奘终于到达了当时印度的佛教中心那烂陀寺,在那里学佛、宣教。当他带着600多部佛经返回祖国时,距离当年出发时已经过去了17年。

唐·普贤变·榆林窟第3窟

历史学告诉你

在《西游记》中,女儿国国王叫玄奘"御弟哥哥",那是因为唐太宗与玄奘曾结为兄弟,事实却是:玄奘在经过高昌国时,高昌王与玄奘结为兄弟。

高昌王

这里是敦煌 世界文化遗产

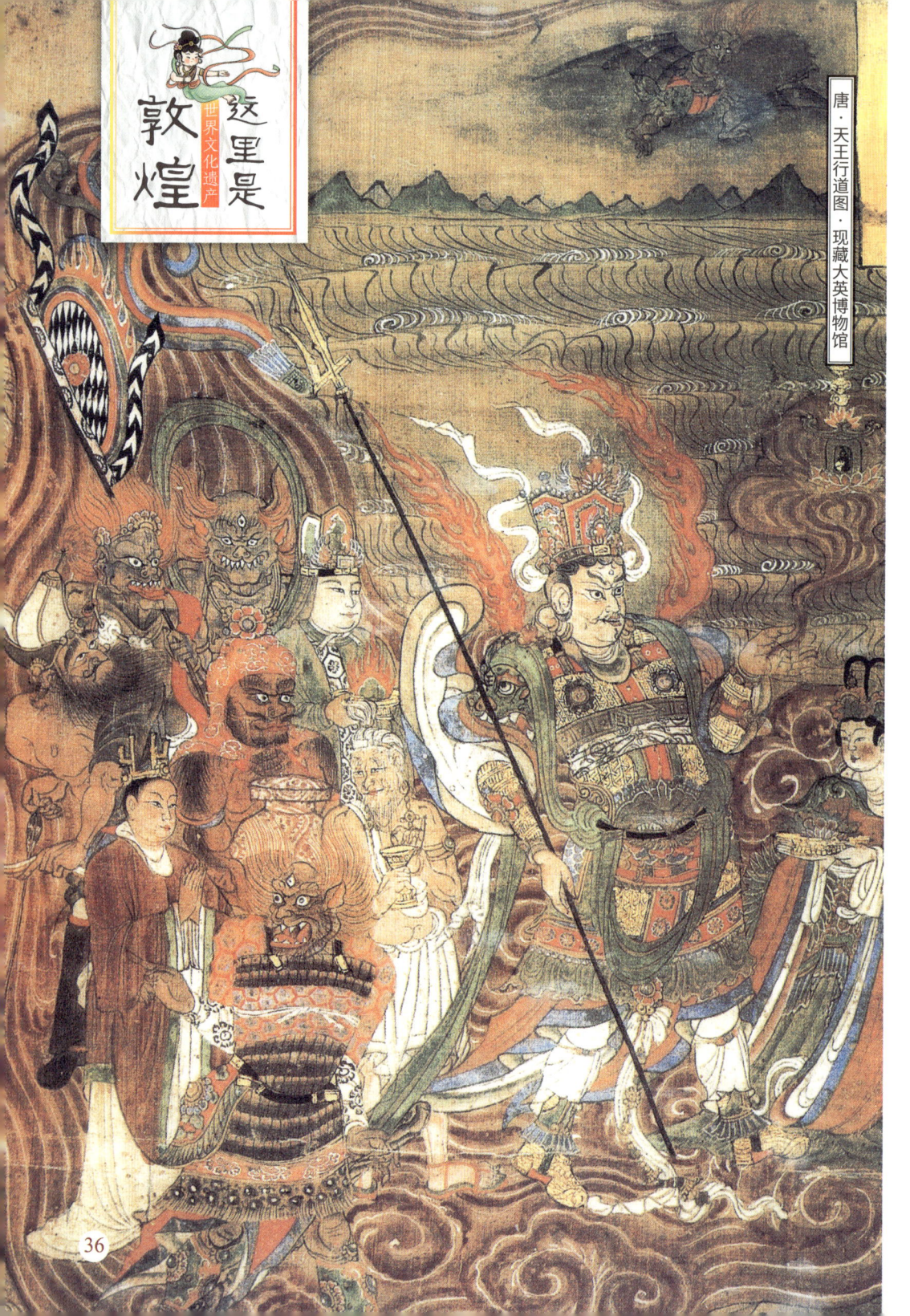

唐·天王行道图·现藏大英博物馆

托塔天王

我最能理解你们对《西游记》的热情了,谁还不希望有一个热闹有趣的童年呢?我实话告诉你们,就在敦煌壁画上,还有很多神仙、妖怪和《西游记》有关呢,其中最威风的就是一位天王……

是的,猜对了,他就是托着塔的天王!

是托塔天王先生吗?

老托呀,又一个老熟人!

多闻天王: 相传为佛教四大护法神之一,他住在须弥山的半山腰的北方,是北方天主,也叫北方天王。

事实上，我说的这位天王，是多闻天王，只不过，他托着塔，于是有人认为，他可能是《西游记》中托塔天王的原型。

天王先生行道啦！

只见天王一手持戟，一手托塔，威风凛凛地携众神行走在云海中，肩上还飘着长长的火焰，这架势，只应天王有！

托塔天王曾在《封神演义》中"客串"过陈塘关总兵。在《西游记》中，他曾捉拿过孙悟空。他手托的宝塔，是他的法器，"托塔天王"就是这么来的。

唐朝有一位将军叫李靖，因为骁勇善战，被世人神化。有人认为，李靖可能也是《西游记》中托塔天王的原型。

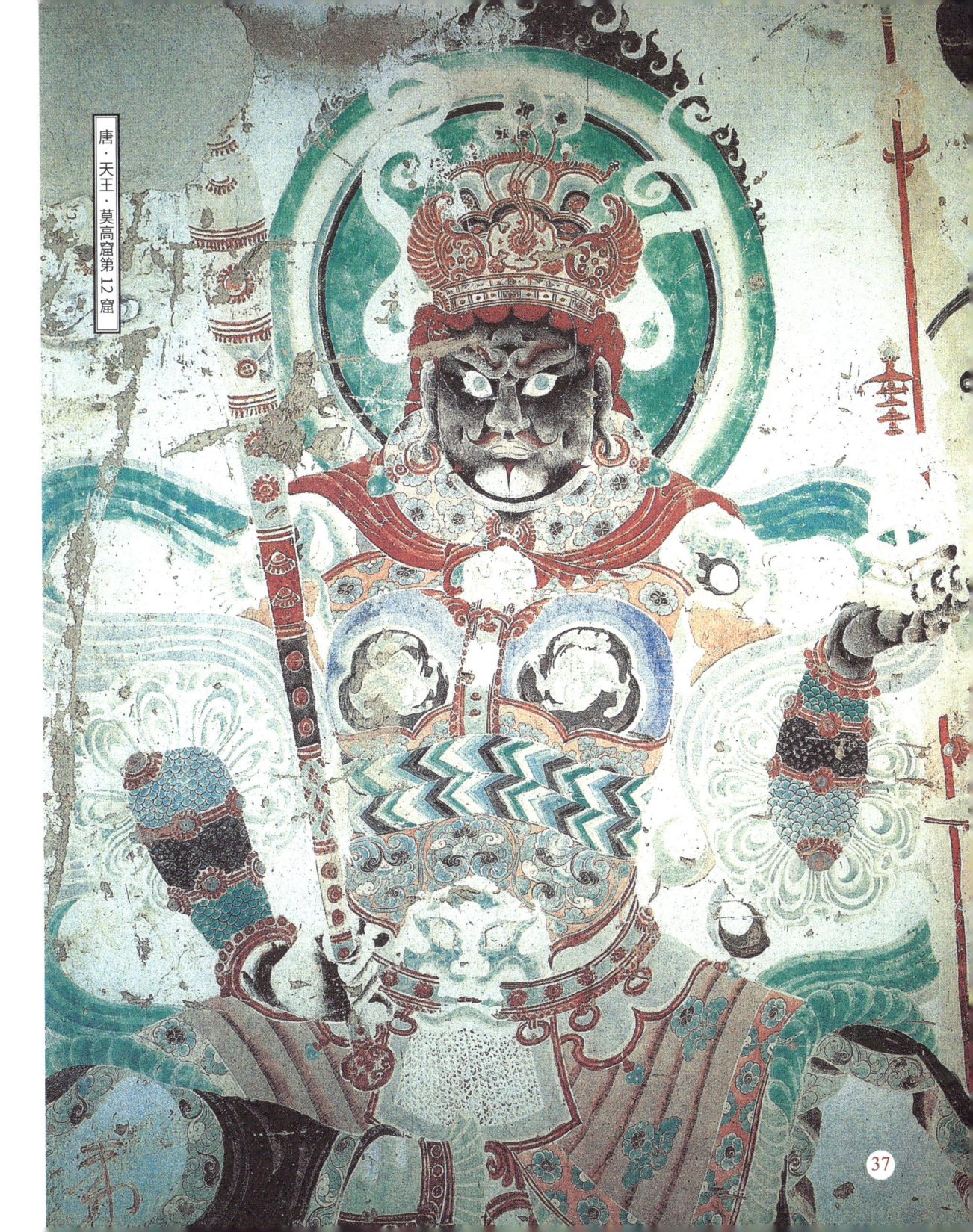

唐·天王·莫高窟第12窟

这里是敦煌 世界文化遗产

迦陵频伽

除了天王，你们还熟悉什么神怪呢？我最感兴趣的是一种鸟，它叫迦陵频伽，下半身为鸟，上半身为人，还长着翅膀。据说，它生活在喜马拉雅高耸的雪山上，还没出蛋壳时就会唱美妙的歌，所以，它也被称为妙音鸟。

南北朝时，迦陵频伽的形象就出现在敦煌壁画上，它胸部挺起，脖子上的飘带随风飘扬，尾羽修长飘逸，实在太拉风了。

到了唐朝，唐朝人把开放的思想带入绘画中，画出来的迦陵频伽不仅丰腴婀娜，还有各种"工作"，有的是乐队成员，有的是舞蹈家，有的是奉送礼物的职员，堪称神鸟中的"快递员"。

献鸟的迦陵频伽

跳巾舞的迦陵频伽

甚至出现了这样的画面：跳舞的迦陵频伽、奏乐的迦陵频伽，与人类乐伎一起欢聚在舞台上，让人有一种奇特的穿越感。

献物的迦陵频伽

西魏·千秋长命鸟·莫高窟第249窟

神话传说里，有一种长生不老的鸟，叫千秋长命鸟，也有人叫它句（gōu）芒。它是人面鸟身，以两条龙为坐骑，它是守护春天的春神。有学者分析，迦陵频伽可能和句芒有一定关系。

这里是敦煌 世界文化遗产

唐·化城喻品·莫高窟第217窟

化城

还有一个神奇的故事，我忍不住要给你们讲讲。这是一个关于化城的故事，化城就是变化出城池，上面的色彩就非常迷人，简直是一幅青绿山水画，重要的是，它很有启发性。

青山绿水中，有几个行人。他们很像在春季踏青，其实，他们是一群寻宝者。相传在远方，有一个藏着神秘宝藏的地方，他们心驰神往，便踏上了这次寻宝之旅。

路途遥远，不知何处才是终点。青山绿水间，可能还隐藏着豺狼虎豹。他们走啊走，走了很久很久，山路曲折、坎坷，他们又累又乏。没多久，有人丢掉了水壶，挥着胳膊砸向路面，呼天抢地不愿继续向前。有人跪坐在地上，似乎也动摇了。

领队的智慧导师见众人想要退却，便变幻出一座城池，让大家进城休息。大家纷纷进入城内，眼前有亭台楼阁，舒适安逸，让他们很快就缓解了一身的疲乏。

很多人贪图安逸，想留在城里。导师便把城池化没了。他告诉大家，刚才的城只是暂时休息用的，真正的宝藏就在前方，只有坚持不懈才能获得。于是，大家打起精神，再次上路了。

> 你们神仙都这么贪吃吗……

> 《化城》里说前方有宝藏？难道是秘制饮食？

这里是敦煌 世界文化遗产

吐蕃人来了

遗憾的是,我们大唐盛世的好日子并没有持续太久,唐玄宗时,爆发了安史之乱。游牧民族吐蕃(bō)趁乱占领了河西走廊,控制了敦煌。

吐蕃攻打敦煌时,守将阎朝拒不投降。粮草耗尽时,阎朝用丝绸与城内百姓换粮,得到百姓的支持。阎朝足足抵抗了11年,最终耗尽粮食和武器,在吐蕃承诺善待百姓后,无奈投降。

吐蕃要求敦煌人穿他们的衣服，学说吐蕃的语言。他们开凿了几十个洞窟，把自己的文化融了进去。

壁画上还有吐蕃人的婚宴场面，男人戴小礼帽，女人梳辫发，新郎新娘戴毡帽，看起来很热闹。

安西都护府

长安　洛阳

吐　蕃

唐

吐蕃时期，颜料有限，色彩上没有之前明亮，多用青、绿、赭、云母粉等上色，画面淡雅清爽。

这里是敦煌 世界文化遗产

我是一个将军

我叫张议潮,是一个将军,出身于敦煌的名门望族,是个不折不扣的"富二代"。吐蕃为了巩固统治,和我们世家大族合作,其实,我们在内心深处,都未忘记大唐。我一直在等待时机,准备重归大唐。

这一年,吐蕃的赞普被刺杀了,吐蕃大乱,我赶紧起兵,准备收复敦煌。我联络了很多世家大族,还有当地的僧人、信徒、豪杰。我们毫不犹豫地奔赴战场,经过几番浴血奋战,终于收复敦煌,回归了唐朝。

> 张议潮一生都在为大唐而战,太感人了。

> 嗯,响当当的英雄。

报捷啦，报捷啦

我带领大家继续进军，同时，派人去往都城长安，向皇帝报捷。唐宣宗收到捷报后，非常高兴，专门表彰了我，下令由我担任敦煌归义军的老大，也就是节度使。虽然是战乱中匆忙封的节度使，但我骄傲，我自豪！

张议潮收复敦煌后，派使者赶往长安，由于吐蕃军队只是退出了敦煌，还在河西一带驻扎，因此，使者要冒着生命危险穿越烽火，一路上历经艰险，两年后才到达长安。

张议潮报捷时，为了以防万一，派出了10支使者团队，最终，只有一支团队到达了长安，其他队伍都掩埋在了风沙之中。这支团队非常隐秘，全部由僧人组成，内有高僧悟真，为此次行动做出了贡献，受到朝廷的嘉奖。

这里是敦煌 世界文化遗产

节度使的阵仗

你知道吗？我起兵时只有 7000 多人，依靠一腔热忱，我们硬是收复了河西，打通了西域通往长安的道路。在此之前，这条路被吐蕃切断整整 100 年。所以，人们把我尊为大唐英雄，我也入围了西域风云人物榜。我的侄子张淮深专门为我开凿了一个洞窟，画下了我出行时的威仪。

唐·张议潮统军出行图·莫高窟第 156 窟

咦，电神，你的衣服和张议潮像一个款式！

掐指一算——我也是唐朝才出生的嘛。

这是我成为节度使之后的出行场景，队伍浩浩荡荡，在敦煌，这阵势不算空前绝后，也是数一数二的了。

❶ 张议潮穿着圆领红袍，骑着白马，占据妥妥的中心位置，威风凛凛，也反映了唐朝和少数民族的相处融合之道。

《张议潮统军出行图》壁画高 108 厘米，长 855 厘米，上有 100 多人，分前、中、后三部分。前部是仪卫骑队和乐舞，表现出出行时的宏伟气势和欢腾场景。中部是张议潮本尊像，左右有执旗者，后有衙前兵马使，威武雄壮。后部是射猎、驮运，生机勃勃。

❷ 竟然还有一边赶路一边跳舞表演的人，他们穿戴不同，一支表演团队是汉人，一支表演团队是吐蕃人；后面还有一个伴奏团队，琵琶、笛、箫、箜篌（kōng hóu）、笙等，各种乐器齐全。

❸ 除了战将，还有骑马的文官、侍从，也分两组。他们头上戴帽，脚穿靴子，姿容整肃。

❹ 队伍最前面的是"军乐队"，军乐手们有的吹角，有的击鼓，被称为"横吹队"，他们用鼓乐开道，显示出张议潮身份的显赫。

❺ 旌节用来象征节度使权力和地位，它看起来就像一把没有张开的伞。

❻ 横吹队的后面，是身披铠甲的骑兵。骑兵们分成两组，每组最前面的人，都扛着一面大旗。

❼ 甚至还有指挥家！这位音乐人手里拿着一个好像板子一样的东西，指挥后面的人跳舞、奏乐。

宋国夫人出行图

风头不光是我一个人的，我被封为节度使后，夫人宋氏也受了封，为宋国夫人。我侄子在洞窟中也为我夫人绘制了壁画，再现了她出游时的场景。

夫人的出游同样声势浩大。队伍中有人在表演歌舞，有人在表演杂耍，中间还有开道的护卫，后面是侍从——带着行李呢，真的是热闹非凡啊。

唐·宋国夫人出行图·莫高窟第 156 窟

❶ 这是戴竿表演，人顺着竿子往上爬，看起来十分惊险。这种杂技在古代是百戏的一种。

❷ 六人小乐队分别拿着笙、笛、箫、拍板、琵琶和腰鼓，专心致志地给 4 位女子伴奏。女子翩翩起舞，婀娜多姿。

❸ 女官和侍女站成两排，庄重华贵。她们身后，是一辆豪华的"私家车"，名叫辎（zī）车，托运宋国夫人的行李。东西太多了，车都装不下，侍女还捧着团扇，拿着包袱。

……

太热闹了,就是不知道队伍里有没有厨师……

❹ 看到这种马车了吗?是不是很可爱,很好看?这是轺(yáo)车,不仅轻便,还有伞盖可以遮风挡雨。

❺ 宋国夫人头戴花冠,这种花冠叫一品九树,搭配紫色大袖衫,雍容华贵。随行的侍卫手捧她的日常用品,更加衬托出她的显赫气派。

❻ 这宝塔一样的东西是什么?它们叫檐舆,也就是轿子。每一顶轿子都有 8 个人抬,真的是八抬大轿。

❼ 骑红马的人是引道官,这是一位女士,只不过穿着男装。她的身后也有专业的小乐队,两侧还有手持武器的保镖。

《宋国夫人出行图》又名《宋国河内郡夫人宋氏出行图》,高 180 厘米,宽 855 厘米,以山水树木为背景,分为三部分。前部有百戏杂耍和乐队;中部有护卫,仪仗威武;后部有大批侍从,拿着珍宝,运输粮食酒肉。壁画中有男性骑马者、牵马者、抬轿者、优伶等,也有头戴幞(fú)头、脚穿黑靴、穿男装的女性骑马者,总体以男性为主,整个队伍看起来气势磅礴,又富贵闲适。

这里是敦煌
世界文化遗产

唐·善友太子入海求宝珠本生画·莫高窟第85窟

世家大族

我出身于世家大族，是敦煌有名的氏族。在敦煌，像我家这样的世家大族有好几个，每个世家大族都是好几代人扎根在这里，和敦煌有着剪不断理还乱的联系。

敦煌索氏

索氏家族有一位索义辩，是一个高级僧人，为了纪念自己的家族，在莫高窟开凿了一座洞窟。洞窟壁画上，画了他和夫人的盘腿坐像。

张议潮收复河西时，索氏也参与其中。索氏还和张氏联姻，索勋是张议潮的女婿，后来夺走了张氏的权位，引起其他世家不满，"组团"杀死了他。

太子取宝归来了，起伏的巨浪衬托了取宝过程的艰险和太子的勇敢执着。

敦煌李氏

李氏是汉朝大将李广的后代。唐朝敦煌被吐蕃人占领后，李氏在洞窟中画了一幅壁画：大海波涛汹涌，太子不顾凶险，入海为大唐王朝取宝。李氏用此画表达了自己忠君报国之心。

历史学告诉你

汉武帝时，第一次设立了敦煌郡。东晋时，李暠（hào）建立西凉国，敦煌第一次成为都城，孕育了很多世家大族，到唐朝时，仍有很多名门望族，如张氏、宋氏、索氏、阴氏、慕容氏等。

敦煌翟（zhái）氏

翟氏参加过抵抗吐蕃的战争，立下战功。翟氏建的家窟规模宏大，壁画上的吹奏乐队和舞蹈队十分隆重，一派歌舞升平的气象。

敦煌阴氏

吐蕃占领敦煌后，阴氏"掌门人"阴伯伦含泪臣服。后来，阴伯伦的儿子开凿了功德窟，希望能减轻内心的愧疚感。窟中壁画上的阴伯伦夫妇，都穿着汉服，而不是吐蕃服。

敦煌慕容氏

唐朝灭亡后，有游牧民族攻打敦煌，以慕容归盈为代表的慕容氏奋起抵抗，保护了敦煌。慕容氏也被画到壁画里。

这里是敦煌 世界文化遗产

主帅
汇报军情
军鼓手
弓箭手
河流
军鼓手
追击

激烈的作战

可惜的是，虽然我夺回了敦煌城，但吐蕃的攻击一直没有停止过。敦煌的归义军誓死反抗，战争极为激烈紧张，勇敢的归义军为了大唐王朝的领土洒下了无数热血。

城池下，一条大河湍急流淌，水上架着一座桥，桥的另一边是另外一座城池。两座城隔着河流相望。

两岸的鼓手都铆足了劲儿，擂起了鼙（pí）鼓。鼓声铿锵有力，激励着士兵们上阵杀敌。

两座城池上插满了战旗，旗帜在风中飘扬，仿佛士兵们昂扬的斗志。主帅坐在大殿上，将领们在城墙上观察战况，随时等候主帅的调遣。

一方战败，大部队开始撤退，另一方乘胜追击。不料，对方却派出了弓箭手，飞箭如雨。追击的士兵们，有的落水挣扎、呼救，有的顺水漂走，有一匹战马已经到了对岸，马背上的人却永远留在了河里。

在弓箭手的掩护下，撤退的部队总算安全了，骑兵也奔出城来救援。城门下，两个士兵正在押送几名被绑着的俘虏。城内的将领正跪在地上向主帅禀报军情，接受封赏。

多么激烈而紧张的战斗，穿越千年时光，展现的仍然是箭在弦上的气息。

唐·作战图·莫高窟第12窟

五代·辉煌余韵

我是一个王后

我是西域于阗（tián）国的王后，我的丈夫是于阗国王，不过，我不是少数民族女子，而是一个汉人。你可能很纳闷，既然我是汉人，为什么会嫁到于阗国呢？这话说起来可就长了，让我从头讲给你听吧。

唐朝灭亡后，进入五代十国，这段时光非常混乱，敦煌成了一个国家。我父亲曹议金——就是前面给你们讲过的张议潮的外孙婿，他也是一个正直、爱国的人，他接管敦煌后，立刻取消了敦煌国的称号，恢复了唐朝归义军的名号，让敦煌仍然属于中原王朝。这件事让我父亲青史留名。

我父亲出任归义军节度使、沙州刺史，瓜州、沙州都归他管。不过，瓜州和沙州的旁边有回鹘、于阗，它们时刻都有起兵的打算。

曹议金

壁画上的凤冠、汉服等，是曹氏忠于中原王朝的一种表露。

于是，我父亲采取了和亲政策，他娶了回鹘的公主，又把我的姐姐嫁给回鹘王，把我嫁给了于阗王。我父亲又团结世家大族，鼓励农耕、放牧，还开凿石窟，稳定了民心，敦煌一带出现了繁华景象。

回鹘公主 — 嫁给曹议金，身穿回鹘服。

曹议金之女 — 嫁给回鹘可汗，身穿回鹘服。

曹议金之女 — 嫁给于阗王，身穿汉服。

宋氏 — 曹议金的原配夫人，身穿汉服。

五代·女供养像·莫高窟第61窟

宋氏为曹议金结发之妻，却被排在第四位，位列女儿之后，表明了曹氏对回鹘、于阗国的尊敬与礼让。

这里是敦煌
世界文化遗产

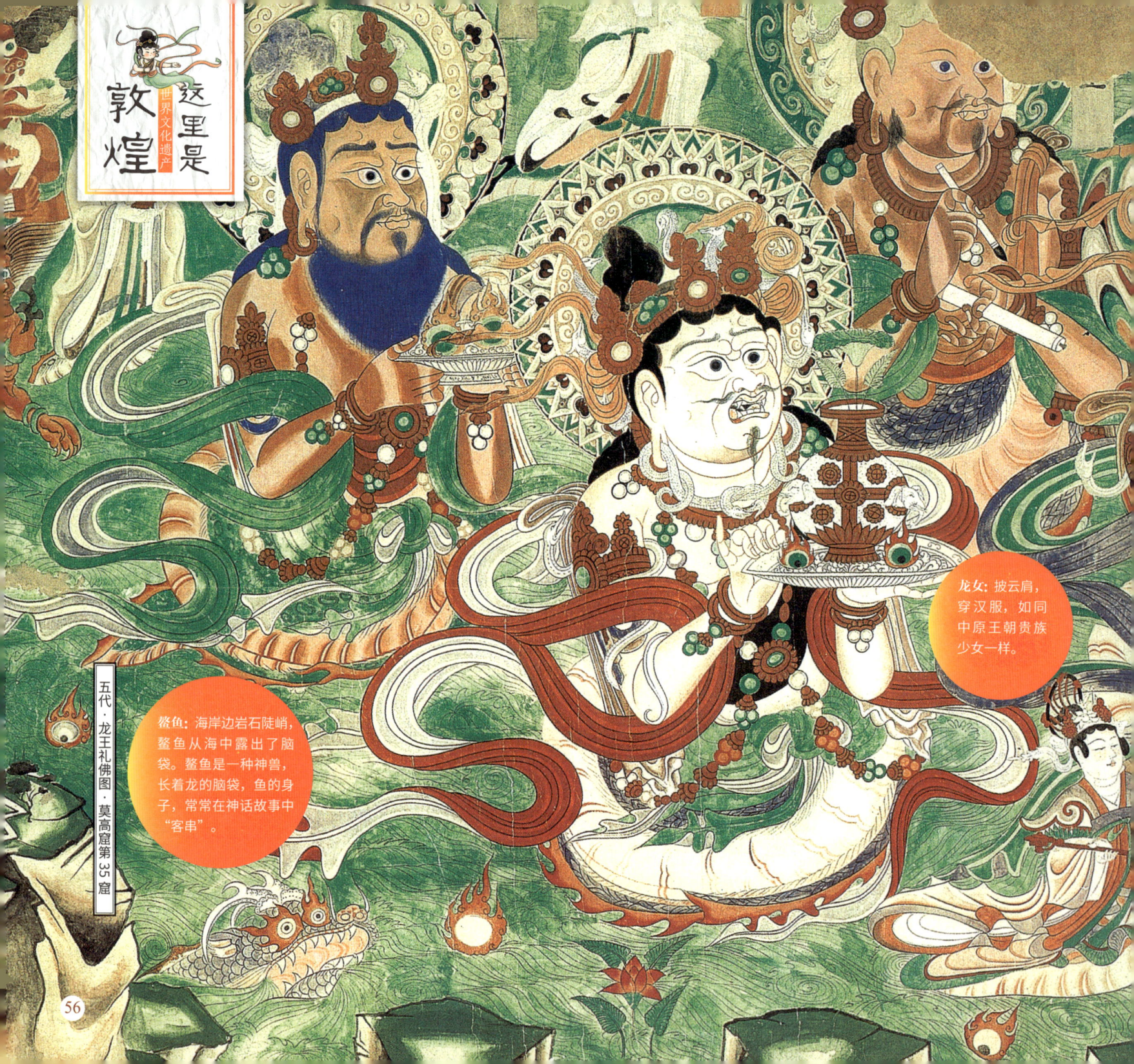

龙女： 披云肩，穿汉服，如同中原王朝贵族少女一样。

鳌鱼： 海岸边岩石陡峭，鳌鱼从海中露出了脑袋。鳌鱼是一种神兽，长着龙的脑袋，鱼的身子，常常在神话故事中"客串"。

五代·龙王礼佛图·莫高窟第35窟

56

龙王礼佛

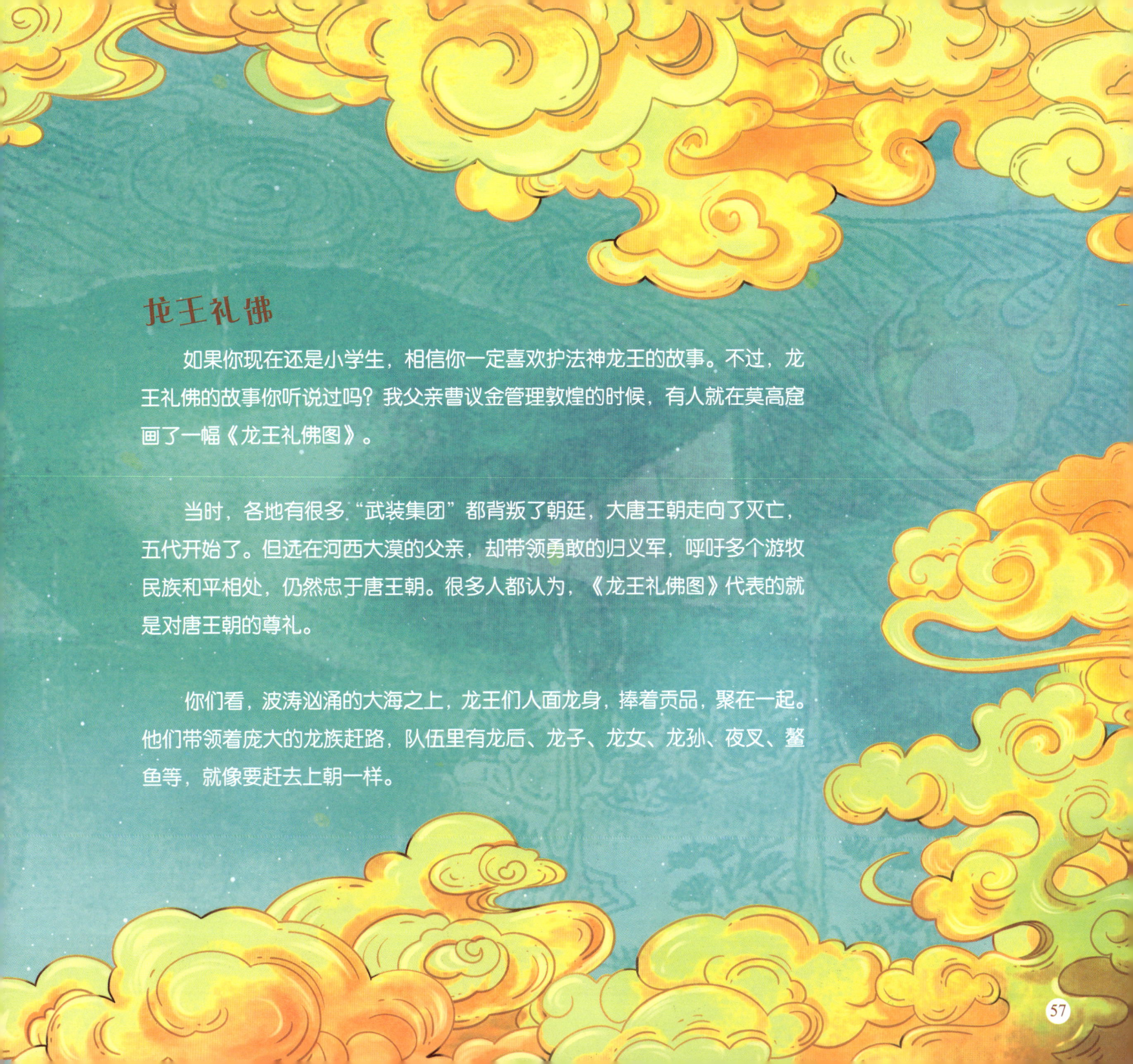

如果你现在还是小学生，相信你一定喜欢护法神龙王的故事。不过，龙王礼佛的故事你听说过吗？我父亲曹议金管理敦煌的时候，有人就在莫高窟画了一幅《龙王礼佛图》。

当时，各地有很多"武装集团"都背叛了朝廷，大唐王朝走向了灭亡，五代开始了。但远在河西大漠的父亲，却带领勇敢的归义军，呼吁多个游牧民族和平相处，仍然忠于唐王朝。很多人都认为，《龙王礼佛图》代表的就是对唐王朝的尊礼。

你们看，波涛汹涌的大海之上，龙王们人面龙身，捧着贡品，聚在一起。他们带领着庞大的龙族赶路，队伍里有龙后、龙子、龙女、龙孙、夜叉、鳌鱼等，就像要赶去上朝一样。

宋·西夏·元 逐渐衰微

宋·六臂观音·水峡口石窟

我是一个商人

我是一个在敦煌经商的胡人，中原人称我们为胡商。我有一个百宝箱，里面有各种珠宝。我把从西域各国买来的珠宝，运到敦煌，卖给中原的朋友们，日子过得还算舒心。

西夏人崛起了

我生活的年代是宋朝，朝廷的军事力量很弱，西域很多国家都不服管，幸亏曹氏归义军一直忠心耿耿地支持朝廷，让朝廷省了不少心，还在莫高窟开凿了几十个石窟，画了很多好看的菩萨像。

不过，安生日子很快就结束了，归义军被游牧民族西夏打败了，西夏人占领了敦煌。西夏人把守在河西走廊，对一切过境的商人都收取重税，西域的商人和国外的商人不得不避开他们，绕道而行，还有很多人像我一样，干脆改行了。

大宋朝廷看到陆路走不通，就大力发展海上丝绸之路，敦煌一下子冷寂下来，地位一落千丈。不过，由于西夏人信佛，石窟艺术依旧璀璨。

观音的每只手上都有一只眼睛，我再数数，共有几只眼睛。

元朝的余晖

到了元朝时，蒙古人开始主宰江山。他们也是游牧民族，不像中原王朝那样一味重视农业，不大重视商人，而是鼓励大家做生意，敦煌又有了些许热闹，但再也恢复不了昔日的繁华了。

保护石窟宝库

敦煌壁画仕女，张大千绘。

梦一样远去

明朝时，为了抵御外敌，开始修建嘉峪关，嘉峪关在玉门关的东边，自此，敦煌被划为关外，更加荒凄。等到清朝时，乾隆皇帝设敦煌县，但人烟稀少。直到王道士偶然发现了藏经洞，之后大批文物流失国外，敦煌才吸引了更多人的注意。

李丁陇

"快去看看敦煌吧！快去敦煌！"民国时，一些画家的内心发出了这样的呐喊。第一个来到敦煌的是李丁陇。当时是1937年，同行者10人，因为大漠环境恶劣，生存艰难，最后只剩下两人。李丁陇临摹了很多壁画，其中有一幅《极乐世界图》，精美绝伦，使更多的画家赶往敦煌，其中包括张大千。

张大千

1941年张大千前往敦煌前,立下决心,不在敦煌搞出名堂绝不回头。到了敦煌后,张大千清理流沙,整理文物,给洞窟做编号。为了临摹敦煌壁画,他想尽方法从印度运来矿物颜料,又从国内各地采买,用了70多辆驴车才运到敦煌。当时军阀混战,他还雇用了军队保护敦煌。他在敦煌工作两年,欠下了5000两黄金的巨债,直到很多年后才还清。

王子云

1940年艺术家王子云向当时的国民政府提出,组建西北艺术文物考察团。后来,王子云担任考察团团长,1942年在敦煌临摹壁画,收集历史资料,弥补了很多艺术史之缺憾。

敦煌初唐大士像,张大千绘。

仿莫高窟唐人仕女图,张大千绘。

这里是敦煌

世界文化遗产

寂寞的守望者

壁画受潮了，泥沙淤积了，石窟坍塌了……景象惨淡；还有那些被揭走的壁画残痕，无一不令人心痛。为了保护虚弱的敦煌莫高窟，越来越多的人，不远万里跋涉到大漠，为保护它付出了难以想象的努力。

常书鸿

1935年的法国塞纳河畔，在一个旧书摊上，一个名叫常书鸿的中国油画家无意间发现一套《敦煌石窟图录》，顿时被深深吸引。之后，他放弃优越的环境和工作，毅然回到祖国，承担起了保护业已残损的敦煌遗产的艰辛工作，被誉为"敦煌守护神"。

唐·迦叶·菩萨·天王·莫高窟第45窟

常书鸿和大家修复石窟栈道。

樊锦诗

樊锦诗也来到大漠。正是有了她的努力,敦煌莫高窟也受到了更多的法律保护。她还提出根据壁画和彩塑的材料、崖体的裂缝,进行修复保护的措施。

工作人员对洞窟顶部壁画进行修复。

怎么才能让飞沙不侵蚀石窟呢?樊锦诗带领工作人员种植植物,用草方格把沙子"锁"在了沙漠。

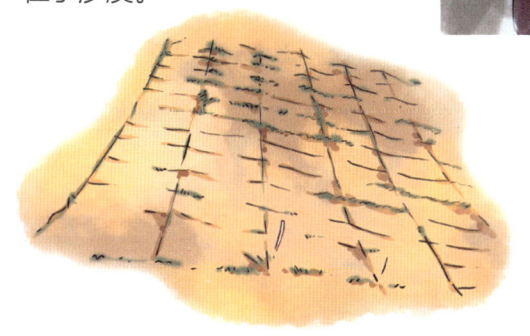

由于历时千年,彩塑和壁画正在退化,游客呼出的二氧化碳也会损害壁画,樊锦诗等人倡导了"数字敦煌"虚拟工程,用数字技术保存敦煌图像,规范参观人数和方法,让游客在窟外也能看到洞窟,甚至更加清晰,她被誉为"敦煌的女儿"。

图书在版编目（CIP）数据

这里是敦煌. 1 / 文小通著. — 北京：文化发展出版社，2023.9
ISBN 978-7-5142-3945-4

Ⅰ. ①这… Ⅱ. ①文… Ⅲ. ①敦煌学－少儿读物 Ⅳ. ①K870.6-49

中国国家版本馆CIP数据核字(2023)第048529号

这里是敦煌 1

作　　者：文小通

出版人：	宋　娜	责任印制：	杨　骏
责任编辑：	肖润征	责任校对：	侯　娜
特约编辑：	鲍志娇	封面设计：	于沧海

出版发行：文化发展出版社（北京市翠微路2号 邮编：100036）
网　　址：www.wenhuafazhan.com
经　　销：全国新华书店
印　　刷：河北朗祥印刷有限公司

开　　本：889mm×1194mm　1/16
字　　数：90千字
印　　张：12.5
版　　次：2023年9月第1版
印　　次：2023年9月第1次印刷

定　　价：129.00元（全3册）
Ｉ Ｓ Ｂ Ｎ：978-7-5142-3945-4

◆ 如有印装质量问题，请电话联系：010-68567015